MÉMOIRE

HISTORIQUE

DES INTRIGUES DE LA COUR.

MÉMOIRE

HISTORIQUE

DES INTRIGUES DE LA COUR,

ET de ce qui s'est passé entre LA REINE, *le comte* D'ARTOIS, *le cardinal* DE ROHAN, *madame* DE POLIGNAC, *madame* DE LA MOTTE, CAGLIOSTRO, *et* MM. DE BRETEUIL *et* DE VERGENNES.

Par le Sieur RÉTAUX DE VILLETTE.

A VENISE.

M. DCC. LXL.

MÉMOIRE

OU

RELATION EXACTE

De tout ce qui s'est passé depuis l'arrivée de madame la comtesse DE LA MOTTE, *à Paris, l'achat du fameux collier, ses liaisons avec le cardinal* DE ROHAN, LA REINE *et madame* DE POLIGNAC.

ÉLOIGNÉ depuis long-tems, de ma patrie, pour avoir servi une intrigante et un grand seigneur, accablé sous le poids de l'infamie, persécuté, flétri, chassé de mon pays pour avoir imprudemment prêté ma plume aux projets du cardinal de Rohan, et de madame de la Motte, épouvanté par mes juges, sollicité par la faction des Rohan, toujours menacé, ou caressé, dans ma prison, par ceux qui avoient intérêt de me sacrifier pour se justifier ; sans appui, sans expérience, et foible par caractere autant que par tempérament, j'ai dû faire bien des fautes, bien des inconséquences, bien des tergiversations dans mes dépositions; ensuite, des rétractations telles qu'on me les dictoit, et tout cela, me disoit-on, étoit absolument nécessaire pour m'éviter le supplice infâmant de la potence. Tremblant, je souscrivois à tout, entraîné, comme je l'ai déjà dit, par mon caractere pusyllanime, par mon attachement pour madame de la Motte, par ma reconnoissance, et par un bas respect que j'avois pour M. le cardinal de Rohan.

Né à Bar-sur-Aube, de parens honnêtes, mais sans fortune, avec un penchant irrésistible pour le plaisir, je m'attachai sans réserve à madame de la Motte, qui, sensible au même charme, m'enivroit de ses bontés; d'ailleurs, si je calculois mon intérêt personnel, je sentois qu'elle pouvoit me placer auprès de quelque grand seigneur, et me conduire ainsi à la fortune. Je devins son secrétaire et son confident, et je laisse à penser quel parti j'aurois tiré d'elle, si j'avois été tout autre que je ne suis; mais sans énergie, ni volonté, j'eus la foiblesse de me prêter aux desirs de madame de la Motte et du cardinal, et d'exécuter sous leurs yeux la fausse signature, qui a fait depuis le tourment de ma vie. La nature est foible; et comment pouvois-je résister à une femme que j'adorois, à un prince qui m'en imposoit, et qui avoient tant de moyens pour me rendre heureux.

J'aurois gardé un éternel silence sur toute cette affaire, et je n'aurois jamais rassemblé les anecdotes que je vais transcrire, si le hasard ne m'avoit fait tomber entre les mains un prétendu Mémoire justificatif pour madame de la Motte : j'espere que le public me saura gré de déchirer aujourd'hui le voile qui couvroit la vérité.

Ce Mémoire impertinent, absurde et faux, n'a point été publié de l'aveu de madame de la Motte; je me suis convaincu que ce tissu de noirceur sortoit de la plume d'un certain abbé de Pfaff, connu par ses escroqueries, sa conduite licencieuse et ses écarts dans tous les genres, vivant et habitant publiquement avec mademoiselle de Valois, dite baronne de Saint-Remi, sœur de madame de la Motte; et tout annonce que cet abbé n'avoit entrepris cet ouvrage que par spéculation d'intérêt; ouvrage qui n'est effectivement qu'un amas de phrases sans suite et sans vraisemblance.

Quant à moi, mon intention est de dire la vérité, d'éclairer le public sur tout ce qui s'est passé depuis ma liaison avec madame de la Motte jusqu'à la fatale époque du jugement qui en a été l'affreux résultat.

Témoin oculaire de la plupart des faits qui se sont passés depuis son arrivée à Paris, possédant toute sa confiance, connoissant ses intrigues, la naissance de ses liaisons avec le cardinal, les conférences concertées entr'elle et madame de Polignac, ayant été, pour mes péchés, l'homme utile à tous, et abandonné par tous, je vais tout dévoiler : je prie mes lecteurs de croire que je ne dénigrerai, ni ne favoriserai personne : mon but est, comme je l'ai annoncé, de dire la vérité ; ce que je vais faire sans partialité pour moi comme pour les autres.

Je n'entreprendrai pas de détruire tout ce qu'on dit dans le Mémoire par lequel on cherche à disculper madame de la Motte ; ces lettres absurdes et fausses qu'on lui fait écrire par la Reine, sont toutes supposées, et n'existerent jamais ; car lorsque Sa Majesté mandoit madame de la Motte à Versailles, ou ailleurs, c'étoit toujours par l'organe de mesdames de Polignac ou de Miséri, et leurs billets se bornoient simplement à indiquer l'heure à laquelle madame de la Motte devoit se trouver au rendez-vous ; encore exigeoient-elles qu'elle rapportât les billets.

Je sortirois de mon sujet, si j'entreprenois de réfuter un Mémoire aussi inepte et aussi défectueux : je vais commencer par faire part à mes lecteurs de quelques traits qui caractérisent madame de la Motte.

Mademoiselle de Valois, jeune, livrée à toute l'impulsion d'une imagination ardente, d'une tête exaltée, en butte à toute la fureur des passions, d'un tempéramment bouillant, qu'une éducation négligée ne pourroit ni contenir ni arrêter, se laissa séduire par M. l'évêque de Langres : sa grossesse fut le résultat de cette séduction ; et le prélat pour cacher cet événement s'adressa à madame de Boulainvilliers, protectrice de mademoiselle de Valois, pour la déterminer d'engager ses parens à donner leur consentement au mariage de cette demoiselle avec un gendarme nommé M. de la Motte, qui pouvoit très-bien imaginer que cet enfant étoit de lui.

Ce fut ainsi que l'hypocrite comte, évêque, se tira d'embarras, et parvint par son adresse à arrêter dans sa naissance l'éclat d'une intempérance qui l'eût perdu pour jamais.

Le mariage se conclut à Bar-sur-Aube en 1779: bientôt après les deux époux partirent pour Lunéville, où la gendarmerie étoit en garnison.

M. d'Autichamp, qui commandoit ce corps, ne vit pas plutôt madame de la Motte, qu'il en devint éperduement amoureux. Ivre de sa passion, il la laissoit appercevoir à tout le monde, et madame de la Motte, s'affichant trop aussi, contraignit bientôt son mari de la retirer d'entre les bras de son commandant, et de quitter son corps.

Ils sortirent donc de Lunéville pour se rendre à Strasbourg, où étoit alors madame de Boulainvilliers, sur laquelle ils fondoient toutes leurs espérances : cette dame se trouvoit alors à Saverne; et ce fut là, pour la premiere fois, que madame de la Motte vit son éminence le cardinal de Rohan.

Leur séjour n'y fut pas long. Ils accepterent avec empressement le logement que leur offrit madame de Boulainvilliers dans son hôtel à Paris, et prirent la route de cette capitale.

Chacun présageoit pour eux un avenir heureux; mais la mort qui n'épargne personne, moissonna leur bienfaitrice. A ce coup de foudre, ils furent anéantis, lorsque M. le marquis de Boulainvilliers, riche juif, épris des charmes de madame de la Motte, rassura toute cette famille, en leur offrant de rester toujours chez lui : c'est ainsi que sous le masque de la protection qu'il accordoit aux deux sœurs, il les séduisit l'une et l'autre, finit par se brouiller avec elles, et enfin par les chasser de son hôtel.

M. et madame de la Motte se trouverent

donc sans asyle et sans protecteurs; une pension de 800 livres, engagée d'avance, étoit tout ce qu'ils possédoient: mais madame de la Motte avoit en revanche une peau blanche et fraîche, des graces, un esprit naturel, des yeux vifs et perçans : en falloit-il davantage pour ne pas être consolée des injustices de la fortune, et pour ne pas la réparer? Abandonnée, pour ainsi dire, par son mari, qui portoit ses offrandes à d'autres divinités, elle fut forcée de calculer ses plaisirs sur ses besoins, et de céder aux uns pour satisfaire aux autres; ainsi, soit tempéramment, soit nécessité, elle mettoit tout en usage pour captiver les hommes, les rendre esclaves de ses charmes, et en tirer, s'il étoit possible, un double parti. Pensant alors qu'elle trouveroit à Versailles des nouvelles ressources, elle fut s'y fixer, sous l'espoir que les gens de la cour, et ses intrigues, lui en procureroient.

A l'appui de son nom, elle sollicita les bontés de MADAME, celles de madame la comtesse d'Artois; elle en obtint quelque secours. M. le comte d'Artois la vit, la desira : M. le prince d'Hénin, chargé de faire les démarches nécessaires pour la lui procurer, en vint facilement à bout; madame de la Motte n'étoit ni assez cruelle, ni assez riche pour résister aux tendres desirs de cette altesse : cette liaison dura peu; le caprice du comte d'Artois satisfait, il la négligea d'abord, et finit par l'oublier entiérement. MADAME et madame comtesse d'Artois, instruites des foiblesses de leur protégée, lui retirerent les bontés dont elles n'avoient cessé de lui donner des témoignages.

Sur les demandes de ces princesses et de M. le comte d'Artois, M. le contrôleur général venoit de porter sa pension à 1500 liv. Et avec cette foible ressource, il lui étoit impossible de vivre; elle ne voyoit que quelques gardes du corps qui se joignoient ordinairement à son médiocre souper : elle végéta ainsi pendant quelque tems, et fut forcée de revenir à Paris.

Quand on est dans le malheur, il est tout simple de chercher, dans son esprit, le moyen d'alléger ses peines; aussi, M. et madame de la Motte, comme frappés de la même lumiere, jugerent-ils ensemble, que, dans les circonstances fâcheuses où ils se trouvoient, M. le grand aumônier de France ne leur refuseroit pas quelques secours; et, pénétrés de cette idée, madame de la Motte se présenta, un jour, chez cette éminence; elle débuta par donner des regrets et des larmes à la mémoire de sa protectrice, madame de Boulainvilliers; elle passa ensuite

ensuite à l'état de sa position actuelle, ainsi qu'à celle de sa sœur, à toute l'infortune qui les poursuivoient; enfin, elle mit en usage tout ce qui peut émouvoir, attendrir et intéresser une ame susceptible de vives impressions. Le cardinal, très-agité, se plaignit de ce qu'elle avoit négligé de recourir plutôt à lui; il tira une bourse remplie d'or, la remit à madame de la Motte, en l'engageant vivement de venir le revoir : il lui promit encore de saisir la premiere occasion d'améliorer sa position, mais qu'alors il étoit indispensable qu'il eût toute sa confiance, qu'il étoit tout simple, qu'avec son nom et tant de charmes....... Il ne put en dire davantage, un mouvement de surprise que témoigna, en se levant, madame de la Motte, arrêta le cardinal, qui la salua, en balbutiant quelques mots d'usage; madame de la Motte sortit.

Elle avoit observé l'impression qu'elle avoit produite sur le cardinal, et combien cette éminence avoit été troublée en la quittant. Rentrée chez elle, avec son or, elle me fit part de ses remarques sur le cardinal; et il fut convenu qu'un amant de la sorte n'étoit pas à négliger. Peu de jours s'écoulerent, lorsque tout à coup un messager se présente de la part du cardinal, avec un billet de rendez-vous pour le soir même.

Alors madame de la Motte quitta tout pour ne s'occuper que de sa toilette. Tout ce que la coquetterie offre de plus recherché, tout ce que les parfums ont de plus exquis, tout ce que la parure a de plus noble fut employé et mis en usage ; et avec cet air, ce maintien noble, imposant et séducteur qu'elle savoit si bien prendre dans les circonstances, elle se rendit au palais-cardinal.

Jamais courtisanne n'eut un boudoir plus délicieux, plus voluptueux que celui dans lequel elle fut introduite. Le cardinal, faisant l'empressé, s'informa de sa santé, la fit asseoir à ses côtés, et du ton le plus affectueux et le plus tendre, exigea d'elle les détails les plus minutieux sur sa position, sa fortune et ses espérances. Après que madame de la Motte eut satisfait à ces obligeantes questions, le cardinal lui promit avec chaleur de presser M. le maréchal de Soubise de procurer une place à son mari ; qu'il avoit appris avec peine qu'elle avoit à se plaindre de lui, qu'elle en étoit négligée. Où trouver une femme, continua l'éminence, qui réunisse autant d'attraits, autant de fraîcheur, autant de charmes, et plus faite pour subjuguer tous les hommes ? En prononçant ces paroles, le cardinal lui pressoit les mains, ses yeux étinceloient de luxure ; et madame de la Motte, le fixant tendrement, lui fit connoître qu'il pouvoit tout oser. L'illustrissime éminence fut heureuse. On se jura fidélité, constance ; et l'on se sépara très-satisfait l'un de l'autre.

Dès-lors la maison de madame de la Motte fut pourvue avec abondance. Les libéralités du cardinal la mirent dans le cas d'user sans aucune réserve du droit de les prodiguer. Ses dépenses étoient excessives ; et sans ménagement comme sans politique, elle se fit publiquement un mérite d'avoir pour amant un des plus beaux chefs de la hiérarchie ecclésiastique.

L'amitié a autant de droits que l'amour ; et le cardinal, bien souvent, sans démêler le sentiment qui les unissoit l'un à l'autre, les confondoient ensemble. Cependant les finances du cardinal étoient tellement dérangées, qu'il étoit forcé de recourir aux expédiens, et même à ce qui s'appelle fairè des affaires, pour se procurer de l'argent. Il ne pouvoit donner à madame de la Motte les mêmes sommes qu'il lui prodiguoit autrefois ; et ce fut dans cette extrêmité qu'elle prit le parti de présenter un mémoire à la reine, pour obtenir quelque secours de sa munificence. Mais ce mémoire resta sans réponse. Elle eut occasion d'en parler à madame de Crussol qu'elle connoissoit. Celle-ci, touchée de son récit, de ses besoins, lui donna une lettre pour madame de Polignac, l'engagea de la lui porter elle-même, en lui faisant espérer qu'elle seroit satisfaite de la maniere dont la serviroit cette dame.

Effectivement, madame de la Motte se rendit chez madame de Polignac, qui, sans doute, avoit été prévenue de sa visite ; elle lui remit la lettre de madame de Crussol, et, après en avoir fait lecture, celle-ci l'embrassa, lui promit toute sa protection auprès de la reine, et la retint à souper. Madame de la Motte auguroit très-bien des amitiés réitérées qu'elle recevoit ; on resta long-tems à table ; la conversation fut animée et gaie ; enfin, la nuit avançoit, lorsque madame de Polignac lui dit : « il est bien tard ; croyez-moi, couchez ici ». Madame de la Motte y consentit ; elles passerent dans la même chambre et dans le même lit : aussi-tôt, madame de Polignac, en l'assurant d'une amitié inébranlable, l'embrassoit, la serroit dans ses bras, et, comme l'amant le plus tendre, lui prodiguoit les plus ardentes caresses. La nuit se passa dans les plaisirs : le lendemain, madame de la Motte s'habilla, et, lorsqu'elle voulut se retirer, madame de Polignac lui réitéra les témoignages affectueux de son attachement et de son crédit.

Quelques mois s'écoulerent sans que madame de la Motte retirât aucun fruit de ses complaisances et des promesses de madame de Polignac, lorsque madame de Crussol vint la surprendre, en lui disant que cette favorite employoit tous ses bons offices pour elle, auprès de la reine : et ce fut dans le courant de mars 1784, qu'enfin madame de Crussol fut chargée d'interroger madame de la Motte sur son inclination pour le cardinal de Rohan.

Madame de Crussol avoit ordre de découvrir si madame de la Motte n'en feroit pas le sacrifice en faveur d'une personne de la plus haute considération, qui la dédommageroit amplement de l'abandon qu'elle lui feroit. On avoit recommandé à madame de Crussol de faire cette proposition avec la plus grande réserve ; de faire ensorte d'avoir le secret de madame de la Motte, sans qu'elle pénétrât le sien : mais madame de la Motte, qui se faisoit gloire de posséder le cœur du cardinal, rejetta avec dignité tout ce qui pouvoit l'éloigner de cette éminence. Madame de Crussol ne s'en tint pas là, elle redoubla ses instances : même refus de la part de madame de la Motte, même plaintes de ce qu'on la soupçonnoit capable de tromper son amant.

Madame de Crussol prit enfin le parti d'engager madame de la Motte d'aller ensemble à Versailles, chez madame de Polignac : elle vous aime, lui dit-elle, vous auriez tort de ne pas y venir, votre fortune en dépend ; venez dîner chez moi ; ce soir, à huit heures, mes chevaux nous y conduiront. La partie fut acceptée, et ces deux dames, arrivées à Versailles, furent chez madame de Polignac, où les introduisit madame de Miséri.

C'est ici l'instant fatal où madame de la Motte fut choisie pour jouer le rôle singulier qui l'entraîna à une fin aussi désastrueuse. Auparavant d'en tracer les suites et les iniquités, je vais, pour l'intelligence du lecteur, faire rapidement le portrait de quelques illustres personnages, mentionnés dans mon ouvrage.

La reine, hautaine, impérieuse, ayant tous les vices de Marie-Thérèse, sans en avoir les vertus, gouvernoit absolument la France. Esclave de toutes les passions, elle y joint encore le libertinage le plus effréné et le plus scandaleux ; aussi avide des hommes que des femmes, elle se livre à tous ses goûts, sans pudeur comme sans réserve.

Il n'en est pas de même de Madame ; s'observant bien davantage à la cour, elle s'abandonne aux soins champêtres et plus vigoureux de son jardinier.

Madame la comsesse d'Artois a une belle ame, un cœur aimant et sensible, mais sans finesse et sans art pour cacher ses galanteries : elle fut aussi malheureuse par ses imprudences que par son mariage.

M. le comte d'Artois, dans la crainte de donner un héritier au trône, étoit, dans le principe, éloigné de la reine ; mais dès que ces mêmes craintes furent dissipées, il se rapprocha de sa majesté, et devint un de ses plus assidus courtisans. Ce prince, sans mœurs, aussi mauvais mari que mauvais citoyen, insolent, prodigue, et, comme un autre Héliogabale, se livroit, tout entier, au plus dissolu, au plus sale libertinage : tel est M. le comte d'Artois.

D'un autre côté, la duchesse de Polignac, confidente de la reine, étoit la suprême surintendante de ses plaisirs, et propre aux emplois les plus vils. Basse, souple, et rempante, elle vécut sans principes, sans honneur et sans vertus ; et ce fut par ces mêmes vices qu'elle parvint à l'intimité de sa souveraine, au faîte des grandeurs et de la fortune.

Mesdames de Guéméné, de Vaudreuil, de Laval, l'autre Polignac, Guiche, Crussol, Lebrun, etc. étoient toutes aussi vicieuses, aussi corrompues, que la surintendante ; elles formoient la cour la plus dissolue.

Les hommes en faveur étoient M. le baron de Breteuil, de Polignac, de Vaudreuil, de Dillon, Coigny, Vermond, etc. : c'étoient autant de sang-sues qui épuisoient le trésor royal, et qui étoient, par leurs mœurs, aussi méprisables que leurs femmes.

C'est au milieu de cette cour infâme, de ces brigands, de ces laïs, de ces phrynés, que se trouvoit la reine de France ; et c'est parmi tous ces vices que le hasard emmena madame de la Motte. Je cesse de peindre des vices aussi dégoutans pour revenir à mesdames de Crussol et de la Motte, que j'ai laissées chez madame de Polignac.

Celle-ci les reçut avec les démonstrations du plus vif intérêt, embrassa tendrement madame de la Motte, les arrêta à souper : dès qu'il fut fini, madame de Crussol disparut ; et madame de Polignac, restée seule avec madame de la Motte, lui fit les reproches les plus obligeans. Madame de la Motte y parut sensible ; et ce sentiment embrâsa tellement madame de Polignac, qu'elle la sollicita et obtint qu'elle prendroit la moitié de son

son lit. C'est là que les baisers les plus lascifs lui furent prodigués. Madame de la Motte se leva le lendemain, très-fatiguée de tout ce qu'avoit exigé cet amant femelle.

Madame de la Motte, inquiete de savoir où tout cela la conduiroit, et, parmi ses plaisirs, toute occupée de ses intérêts, cherchoit à démêler quelle seroit l'issue de son abandon et des promesses qu'on ne cessoit de lui faire. Ses questions devinrent pressantes, et madame de Polignac, nécessitée d'y répondre, l'assurant, tout à coup, d'une fortune brillante et prompte, proféra même le nom de la reine; et sur l'impression qu'elle remarqua dans les yeux de madame de la Motte, elle répliqua aussi-tôt : « oui, vous pouvez être agréable à la reine : » félicitez-vous de l'heureuse circonstance; si » vous la saisissez, vous marcherez à la plus » haute faveur, et bientôt on sollicitera de » toutes parts votre protection auprès de sa ma- » jesté ». A ces mots, prononcés avec l'air de franchise, et suivis de beaucoup d'amitiés, madame de la Motte se crut simplement destinée à partager la couche royale, et ne vit plus, dans tout ce qui s'étoit passé avec madame de Polignac, qu'un essai préparatoire. L'explication finit là : ces dames se séparerent, avec promesse de se revoir le soir.

Madame de la Motte se rendit chez madame de Miséri, qui se trouvoit indisposée, et ce fut mademoiselle Dorvat qui l'introduisit chez madame de Polignac, qui lui fit mille excuses de ne pouvoir être plus long-tems avec elle, la combla d'amitié et lui remit une bourse de cent louis, en l'engageant de revenir chez elle le lendemain, à la même heure. Madame de la Motte sortit avec ces cent louis : elle s'empressa de retourner chez elle, pour nous rendre compte de l'heureux succès de sa démarche. La confidence de certaines particularités m'étoit seule réservée.

Madame de la Motte, encouragée, fut au rendez-vous. Madame de Polignac la reçut dans une piece solitaire et reculée. Elle prit le ton le plus amical, le plus séduisant, et lui parla en ces termes : « Ecoutez, ma bonne amie, » quel honneur, quel avantage pour vous, » d'être choisie pour exécuter des ordres d'où » dépendent le bonheur de la reine ! Il faut » que vous cessiez tout commerce de galanterie » avec le cardinal de Rohan. Vous seriez cri- » minelle en manquant à l'engagement que

» vous prendrez à ce sujet. Il faut, dis-je, que » vous en fassiez l'hommage à une grande reine; » vous serez récompensée. Voilà d'abord un » diamant et un bon de dix mille livres qu'elle » me charge de vous donner. Mais je dois vous » prévenir que, dans tous les cas, votre vie » me répond du secret que je vous confie. Il faut » encore (ajouta-t-elle) que vous nous aidiez » à ramener le cardinal aux genoux de la reine. » Je vous répete, qu'à la moindre indiscrétion, » votre tête tomberoit. Le cardinal peut être le » plus heureux des hommes, et premier mi- » nistre ; mais lui-même ne pourroit vous » soustraire au châtiment qu'entraîneroit le plus » petit propos indiscret ».

Ces paroles firent couler les larmes de l'artificieuse la Motte. Elle feignit une foiblesse : les soins et les odeurs lui furent portés par la reine même, qui, placée derriere une tapisserie, avoit paru, et s'étoit retirée au moment où madame de la Motte reprit ses sens. Lorsqu'elle fut plus calme, madame de Polignac lui dit, avec un visage austere : « Réfléchissez, et prenez » garde au parti que vous allez prendre ».

Madame de la Motte jura le secret, mais laissa voir quelque répugnance de devenir l'entre-metteuse de son propre amant, et d'oublier ainsi tous ses bienfaits. L'alternative étoit affreuse ; il falloit pourtant opter, résister aux ordres de la plus puissante des reines, ou faire le sacrifice qu'on exigeoit d'elle : enfin, elle prit son parti, et protesta à madame de Polignac qu'elle consentoit à tout. Cette derniere alors la serra dans ses bras, reprit son air ordinaire, en l'assurant de toute la bienveillance de sa majesté.

Madame de la Motte, dans l'indigence, sans état, sentit tout l'avantage qu'elle pouvoit en retirer. Elle saisit donc cette occasion qui lui permettoit l'espoir d'un avenir fortuné ; mais en femme adroite, et pour tirer plus grand parti de son dévouement aux volontés de la reine, (qu'elle avoit apperçue lorsqu'elle affecta de se trouver mal,) elle montra encore un reste d'incertitude.

Madame de Polignac, qui l'avoit jugée, fit alors le tableau déchirant de son existence, l'inconstance du cardinal qui, au premier moment, pouvoit passer dans d'autres bras, si bien, que madame de la Motte ne put obtenir un seul moment de répit : « Parlez, répondez-moi, » madame ; il n'est plus question que du oui » ou non ; plus de réflexions, ni de restric» tions ; obtez entre le bonheur ou l'infortune,

» la faveur ou le mépris : si mes offres ne vous » conviennent pas, allez traîner loin d'ici votre » misere, et gardez-vous de rien révéler de » tout ce qui s'est passé entre nous ; puissiez-» vous dans votre malheureux aveuglement » n'être jamais dévorée de regrets. »

Toute dissimulation devenoit inutile : aussi madame de la Motte, qui en prévit les conséquences, se cachant sous le masque d'une adroite hypocrisie, lui répondit : « Je suis, madame, » toute décidée ; j'obéirai à ce que m'ordonnera » sa majesté ; le desir de lui plaire l'emporte » sur toute autre considération, même sur mon » cœur ; je renonce au cardinal pour jamais ; » et si j'ai trop écouté les affections de mes sen-» timens et de ma reconnoissance, je réclame » en ce moment votre indulgence. »

A ces mots, une porte s'ouvrit, et la reine parut : elle lui présenta sa main à baiser ; madame de la Motte étoit à ses genoux ; mais sa majesté la relevant avec bonté, la fit asseoir auprès d'elle en l'assurant de toute sa protection. La conversation s'engagea, lorsque madame de Polignac, s'adressant à madame de la Motte, lui dit : « M. le cardinal s'est permis de tenir » des propos sur le compte de sa majesté, même » pendant son séjour à Vienne : depuis lors elle

» l'a traité avec tant de froideur et de mépris, » que quand même il promettroit de revenir » sincérement à sa majesté, elle ne pourroit se » fier à un homme aussi avantageux qu'incon- » séquent; qu'il seroit enfin dangereux d'ajouter » foi à des discours vagues, qui ne porteroient » aucune sûreté. » Alors la reine, s'adressant à madame de la Motte, lui demanda, « qu'en » pensez-vous? » En s'inclinant respectueuse- ment, elle répondit, « qu'elle connoissoit par- » faitement l'opinion du cardinal de Rohan; » qu'elle étoit sûre que s'il pouvoit se flatter de » n'être plus dans sa disgrace, il seroit au comble » de ses vœux; que d'ailleurs elle n'imaginoit » pas qu'il y eût dans le monde un homme que » tant de charmes réunis ne fisssent tomber à » ses pieds. » La reine flattée, fit un mouve- ment comme pour embrasser madame de la Motte; mais elle se contint, en ordonnant à madame de Polignac qu'on lui remît une clef du petit escalier donnant sur la terrasse du château, avec liberté d'arriver chez elle sans être annoncée.

La reine, rentrée dans son appartement, fit appeller madame de la Motte, qui se rendit à ses ordres: elle trouva sa majesté voluptueu- sement penchée sur une ottomane. Madame de la Motte, invitée de prendre place à côté d'elle, fut louée sur sa fraîcheur, sur la beauté de son tein; elle exigea même que sa gorge fût découverte : elle en fut éblouie; et en effet, madame de la Motte avoit, de ce côté, tout ce que les hommes recherchent avec enthousiasme : blancheur, fermeté, séparation; ce qui provoqua dans les sens de la reine cette effervescence que la lubricité seule peut enflammer : bientôt leurs mains s'égarerent, le plaisir déchira tous les voiles qui pouvoient lui porter obstacle; et s'abandonnant alternativement, l'une et l'autre, aux feux de leurs passions; elles se plongerent dans des torrens de délices. Après une heure de débats voluptueux, madame de la Motte répara un peu son désordre, et repassa chez madame de Polignac, qui, avec un souris malin, lui dit : « je puis prédire maintenant votre haute destinée : vous connoissez le caractere du cardinal, » son ambition; consultez l'un, flatez l'autre et » l'emmenez à nos vues ».

Après quelques momens de repos, madame de la Motte, munie de ses instructions, revint chez elle, où son mari, l'hôte et moi, lui prescrivions des regles de conduite : j'avois grand soin de noter tout ce qui se passoit, et alors nos intérêts étoient communs. A peine madame de la Motte m'eut fait le détail de tout ce qui lui étoit arrivé (avec quelques restrictions devant son mari), qu'elle me quitta pour se rendre chez le cardinal, où après avoir parlé des choses indifférentes, elle lui dit : « je ne puis concevoir qu'un » Rohan, prince, cardinal, avec de l'esprit, de » la beauté, une grande fortune, ne soit pas à » à la cour avec cette considération et ce crédit » qu'il doit attendre de son mérite et de sa nais- » sance ; que cependant, quoiqu'il eut négligé » la reine, qui étoit toute puissante, elle avoit » appris par une dame du Palais, que sa majesté » ne le verroit pas avec indifférence solliciter » ses bontés et la place de premier ministre ».

Le cardinal ne pouvant cacher l'émotion de l'orgueil et de l'ambition, répondit avec autant d'impudence que de fierté ; qu'en effet, avec autant de moyens que les Richelieu et les Mazarin, il eût peut-être été ministre, s'il avoit été courtisan, et si un éloignement invincible pour toutes les intrigues de la cour ne lui avoient fait négliger la reine, qui disposoit de toutes les places.

Madame de la Motte, en politique adroite, s'apperçut bien qu'elle ne devoit pas insister ; mais attendre que les réflexions du cardinal le ramenassent chez elle, elle sortit.

Le

Le cardinal resté seul, et fortement agité par tout ce que venoit de lui dire madame de la Motte, s'arrêta complaisamment à ces mots de *premier ministre*, et son ambition démesurée, chassant tous les obstacles qu'il avoit manifestés, le décida d'aller sur le champ trouver madame de la Motte; et enchanté des propositions qu'elle lui avoit faites, il la pressa de lui expliquer par quel heureux événement la reine paroissoit revenir sur son compte; qu'il en étoit d'autant plus surpris, que pendant son dernier service à Versailles, il avoit remarqué sa même indifférence.

Madame de la Motte répliqua: " J'en sais „ davantage; et je suis convaincue que si sa „ majesté pouvoit compter sur la sincérité de „ vos sermens, elle vous rendroit ses bontés „ et vous porteroit au ministere; mais il fau- „ droit les provoquer, en vous montrant jaloux „ de sa bienveillance: ne m'en demandez pas „ plus, ajouta-t-elle; le reste est mon secret. „ Je dois vous faire observer seulement, que „ je puis vous servir puissamment dans cette „ circonstance; mais, je vous le répete, il faut „ solliciter l'oubli de vos fautes, les abjurer „ pour jamais. Madame de Polignac, que des „ situations pénibles m'ont fait connoître, me „ comble d'amitié; elle connoît nos liaisons,

» vous savez l'empire qu'elle a sur l'esprit de la » reine; elle vous servira, si je puis lui affirmer » que vous êtes douloureusement affecté d'avoir » déplu à sa majesté ; que des méchans vous „ ont calomnié, même votre niece, madame „ de Guéméné ; que votre profond respect est „ sans bornes, et vos regrets aussi déchirans que „ sinceres „.

Madame de la Motte attendrie, et serrant le cardinal dans ses bras, continua ainsi. " Je sacrifie mon amour et mon attachement à votre „ gloire et à votre bonheur ; le mien, dut-il être „ altéré pour toujours, ne m'arrachera aucun „ murmure „. Le cardinal, dans un délire enchanteur, approuva tout ce que venoit de lui dire madame de la Motte : au reste, je pense que cette scene de sentiment n'étoit entre eux qu'une scene de fourberie : ils se quitterent en se jurant mutuellement, l'un et l'autre, un attachement inviolable.

A peine M. le cardinal eut quitté madame de la Motte, qu'elle prit la route de Versailles, et fut rendre compte à la reine de ce qui venoit de se passer. Sa majesté la recevoit toujours avec la même bonté; et dans un de ces momens d'épanchement et de jouissance, madame de la Motte osa lui dire : " le cardinal est à vous, madame,

„ et ne fut à d'autres, depuis votre connoissance „ à Vienne, que par des écarts de tempéramment „ pour lesquels il viendra solliciter son pardon à „ vos pieds „. La reine témoigna à madame de la Motte sa satisfaction, et la laissa avec madame de Polignac.

Alors, étant seules, cette derniere assura madame de la Motte que sa majesté rendroit ses bontés au cardinal, si celui-ci vouloit lui écrire une lettre respectueuse, dans laquelle il laisseroit pourtant entrevoir le desir qu'il a de mériter les mêmes bontés dont elle l'avoit autrefois honoré ; la reine et madame de Polignac avoient jugé cette précaution nécessaire pour contenir et enchainer l'indiscrétion du cardinal.

D'après ces décisions, madame de la Motte partit pour Paris. Elle fut descendre chez M. le cardinal, et lui proposa d'écrire la lettre. Celui-ci, plein d'enthousiasme, ne balança point, passa à son bureau, et la lettre, par laquelle il sollicitoit l'oubli de ses fautes, avec priere de lui accorder un rendez-vous, fut écrite.

Madame de la Motte prit la lettre, fut aussitôt la porter à madame de Polignac. La reine ne tarda pas d'y arriver ; elle en fit la lecture : nous nous consultâmes ensuite sur la conduite que la reine devoit tenir dans une circonstance aussi délicate : et pour ne pas la compromettre, vis-à-vis d'un homme dont la légereté nous étoit connue, il fut décidé que le rendez-vous, que le cardinal sollicitoit, auroit lieu dans le parc de Versailles, et qu'on supposeroit une dame à la place de la reine. Où, et comment la trouver de la taille et de l'âge, à peu près, de sa majesté? On chargea madame de la Motte de chercher celle qui pourroit jouer ce personnage; et l'on résolut qu'alors elle se rendroit à l'endroit indiqué; que la reine, cachée derriere une charmille, seroit à portée d'observer la conduite du cardinal. Toutes ces dispositions prises, madame de la Motte revint à Paris nous faire part du projet.

L'exécution nous parut difficile, et le hasard seul nous la procura. En nous promenant un jour, M. de la Motte et moi, au palais royal, nous suivîmes une femme qui en sortoit, et que nous jugeâmes propre à remplir nos vues : nous l'abordons ; elle consent à notre proposition de la ramener chez elle. Lorsque nous y fûmes arrivés, M. de la Motte s'informa de son nom, de ses besoins; elle nous dit s'appeller mademoiselle d'Oliva, et qu'elle étoit sans fortune; alors M. de la Motte lui fit espérer que si elle vouloit se prêter à une plaisanterie qu'on se proposoit de jouer à un grand seigneur, sa situation changeroit bien vite ; elle promit de faire tout ce qu'on désiroit, reçut quelques louis de M. de la Motte, en protestant qu'elle étoit à nos ordres. Nous fûmes à l'instant annoncer à madame de la Motte cette heureuse découverte.

Dès le lendemain, madame de la Motte voulut voir mademoiselle d'Oliva ; elle fut la trouver, et remarqua, en effet, qu'elle pourroit jouer le rôle de reine, sans être reconnue. Madame de la Motte, après s'être assurée d'elle, s'empressa d'aller en rendre compte à la reine ; et il fut convenu que le 2 mai 1784, on se rendroit à minuit dans un des bosquets à droite de la terrasse de Versailles, à l'opposé de l'orangerie, et au même endroit qu'on avoit été reconnoître.

Madame de la Motte ayant pris, à cet égard, tous ses arrangemens avec mademoiselle d'Oliva, qu'elle qualifia de baronne, lui donna le jour et l'heure où elle devoit se rendre chez elle, à Versailles, quelques momens avant l'heure du rendez-vous. Madame de la Motte présida à la toilette de madame la baronne d'Oliva ; elle employa tout son art à saisir en tout le costume de la reine, et elle y parvint de maniere, qu'il étoit certain que le cardinal y seroit trompé.

Madame de la Motte avoit instruit mademoiselle d'Oliva de ce qu'elle devoit faire et dire, c'est-à-dire, que lorsque le cardinal l'approcheroit, elle se borneroit à répondre seulement : « Je suis très-satisfaite de votre » démarche et de tout ce que vous me dites » d'obligeant, je ferai ensorte que nous puis- » sions nous voir plus commodément. » Elle devoit aussi-tôt après se retirer.

L'heure indiquée au cardinal, madame de la Motte prit avec elle mademoiselle d'Oliva qui, quoique prévenue du rôle qu'elle alloit faire, de ce qu'elle devoit dire, ne pouvoit se rassurer, en pensant qu'elle alloit parler à un cardinal, et que la reine l'observeroit.

La reine et madame de Polignac avoient pris leurs places de bonne heure. Madame de la Motte remit madame d'Oliva à madame de Miséri, qui l'attendoit sur la terrasse, et elle fut prendre, à quelques cens pas de là, le cardinal, qui étoit suivi du complaisant Planta. L'éminence, déguisée en redingote grise et en perruque ronde, fut ainsi conduite auprès de la prétendue reine. Le cardinal l'approcha, tenant une rose à la main, qu'il posa sur son sein, en protestant de tout son respect : il pressoit une de ses mains sur ses levres, lorsque M. de la Motte et moi, en sentitinelles aux avenues, reconnûmes M. le comte d'Arrois et le prince d'Hénin. Nous courûmes annoncer leur arrivée : chacun se sépara, et madame de la Motte et le cardinal, qui feignit de bouerer, en passant à côté du prince, se retirerent par une allée opposée à celle qu'avoient pris mesdames de Miséri et d'Oliva. Le cardinal, désespéré, monta en carrosse, et madame de la Motte rentra chez elle, avec madame d'Oliva, qu'elle fut prendre.

Le lendemain, madame de la Motte remit un sac d'argent à madame d'Oliva, lui recommanda le plus grand secret, lui promit d'avoir soin d'elle, et la congédia.

Le cardinal, bien persuadé d'avoir parlé à la reine, ne contenoit pas l'impatience de connoître le résultat de sa démarche. Il fut, dès le matin, chez madame de la Motte : il l'accabla de toutes sortes d'amitiés, et la pressa de l'introduire auprès de sa majesté. Madame de la Motte le lui fit espérer pour la nuit suivante. M. de la Motte étoit à Paris, et j'étois resté à Versailles, auprès de sa femme. Dans la matinée, elle fut à la cour, et elle expédia un courrier au cardinal, pour qu'il eût à se rendre, le soir même, à dix heures, à Versailles.

A la réception de cette lettre, le cardinal

partit sur le champ. Il arriva bien avant l'heure chez madame de la Motte, qui, d'après ses ordres, conduisit cette éminence chez madame de Polignac. Vers les onze heures du soir, après quelques minutes d'attente, mademoiselle d'Orvat les introduisit dans un sallon, où étoient la reine et madame de Polignac. En entrant, le cardinal tomba aux genoux de sa majesté, en lui peignant, de l'air le plus passionné et le plus tendre, son amour et son respect. On servit le souper, qu'apportoient mesdames de Miséri et d'Orvat. Les propos les plus gais en firent l'agrément.

On quitta la table, et, apres une conversation générale, mesdames de la Motte et Polignac sortirent. Le cardinal et la reine, restés seuls, s'occuperent de leurs desirs : la volupté fut seule reine, et les hommages ne furent que pour elle. Deux heures sonnerent ; les plaisirs prirent la fuite, et le cardinal, ivre d'amour, fut forcé de se retirer.

Le cardinal fut chargé par la reine, de donner à madame de la Motte cinquante mille livres : mais il étoit trop habile dans l'art des négociations, trop dérangé, pour oublier ses intérêts. Il partagea en conséquence cette somme, et n'en remit à madame de la Motte que la moitié. Mais

Mais celle-ci, ayant connu la générosité de la reine, en fit des reproches au cardinal, qui l'appaisa avec de belles promesses. Dans la suite, de nouvelles sommes lui furent comptées pour madame de la Motte : mais l'éminence, ou madame de Polignac, garderent toujours la plus grande partie des dons de sa majesté.

La fortune de madame de la Motte avoit pourtant, malgré toutes les retenues, pris une certaine consistance : ses liaisons avec la cour, avoient tellement excité son amour propre, qu'elle ne cessoit d'en parler, avec l'intention d'augmenter, ou, pour mieux dire, d'établir par là sa considération. Elle étoit admise aux soupers les plus élégans, les plus sensuels ; elle brilloit également à tous, et y étaloit tant de charmes, qu'elle étoit devenue l'ame de ces fêtes, de ces assemblées de plaisirs. Les Tribades avoient leur jour pour célébrer les leurs. Les Maillis, les Laval, les Vaudreuil, les Guiches, les Lebrun, etc. étoient tout autant de prêtresses qui faisoient l'ornement et les délices de ces fêtes nocturnes. Madame de la Motte étoit bonne à tout ; elle eût fait une fortune rapide, si elle eût su en profiter : mais, sans ordre et sans conduite, liée avec un mari corrompu, libertin, joueur, et réunissant en lui tous les vices d'une mauvaise éducation, pouvoit-elle ne pas retomber dans la misere ? Je dois cependant rendre justice à la sensibilité de son cœur : elle accordoit indistinctement à tous ceux qui se présentoient chez elle, comme malheureux, secours et protection.

De ce mélange de sensibilité, d'abandon et de générosité, il devoit nécessairement s'ensuivre une inconstance de goût, qu'on auroit pu prendre pour caprice : aussi ses amans se succédoient les uns aux autres. Tels furent messieurs de Coigny, d'Aligre, premier président : le comte d'Olomieu, connu pour un homme sans pudeur, sans considération, sans probité, n'ayant pour lui que le mérite d'être brave et d'avoir un tempéramment à toute épreuve : aussi prit-il un empire absolu sur le cœur et les sens de madame de la Motte. Je vais raconter un trait de cet officier, qui fera la preuve de ce que j'avance.

Il eut le secret d'emprunter à madame de la Motte une somme considérable en plusieurs billets ; mais un jour, étant entré chez elle, lorsqu'elle avoit oublié de fermer son secrétaire, et que des affaires l'appelloient dans une autre piece, il tira le tiroir ou étoient renfermés ces billets, et les déchira. Il eut pour rival un abbé Pfaff, fils d'un statuaire, Allemand d'origine, et qui avoit la manie de se faire descendre d'une maison illustre de l'empire. Familier avec le crime, le poison et l'inceste, il s'introduisit chez madame de la Motte, pour en tirer parti ; mais d'Olomieu, échauffé par les fumées du vin, indigné de l'impudence de ce petit prestolet, le chassa de chez sa maîtresse à coups de pincette un jour, au sortir de table. L'abbé n'osa plus reparoître ; il se réfugia dans les bras de mademoiselle de Valois. L'on ne doute plus aujourd'hui qu'il ne soit cause de la mort de l'abbesse de Jarci, pour s'approprier des bijoux et des couverts en vermeil qu'elle avoit reçu en présent de ses religieuses.

Un moine, non moins scélérat, parut chez madame de la Motte ; il eut aussi-tôt la direction de toutes les affaires : vil, rampant, soumis, il devint l'intendant, le confident, l'ami, le conseil de madame de la Motte. Nouveau caméléon, il prenoit toutes les formes nécessaires, se prêtoit à toutes les folies de sa protectrice, sans examiner ce qui les excitoient. Sur la fin d'un dîner délicat et recherché, le pere l'Hot (c'est le nom du moine en question) imagina qu'il pourroit prêcher devant le roi : il en fit aussi-tôt part à madame de la Motte, en flatant son amour propre, lorsque celle-ci lui répondit : « tu prêcheras devant sa majesté ; je vais » de ce pas te faire inscrire chez le grand aumônier : elle partit, et laissa la tête du moine » très-agitée pendant l'intervalle ».

Madame de la Motte rentra chez elle pour annoncer à l'Hot que le grand aumônier l'avoit agréé, et auquel, suivant l'usage, il devoit soumettre son sermon. Notre moine ne contint plus sa joie. Il se prosterna aux pieds de son idole : madame de la Motte le releva, en lui disant : « rassure-toi, ton sermon ne sera pas lu par le » cardinal : si tu n'en as pas, cours en acheter » un ». A peine madame de la Motte eut proféré ces paroles sacramentales, que le moine courut préparer son sermon. Il prêcha effectivement devant le roi, et madame de la Motte lui fit meubler très-élégament son petit appartement au couvent.

Mais revenons au cardinal, qui donnoit à madame de la Motte des conseils très-sages sur ses dépenses excessives, tandis que les siennes étoient portées au dernier période de la démence et de la prodigalité : c'est ce qui lui faisoit desirer avec ardeur la place de premier ministre, afin de trouver le moyen de liquider ses dettes, d'un côté, et de pouvoir continuer ses dépenses de l'autre. Mais en attendant, le désastre de sa fortune étoit à son comble, son crédit détruit; il ne savoit comment se tirer de là : le malheur a cela de terrible, c'est qu'il est toujours accompagné d'un malheur plus grand. Alors la reine étoit grosse, et le goût passager qu'elle avoit eu pour le cardinal, n'avoit duré qu'un instant. Le temps s'écouloit en promesses vagues, l'ennui gagnoit; on cherchoit des prétextes pour éloigner l'éminence, on faisoit entrevoir des soupçons sur son compte; mais le véritable motif, étoit que la reine ne pouvoit plus le souffrir, et qu'un jeune abbé, de bonne mine, l'avoit remplacé avantageusement.

Dans le courant d'août 1784, on avoit donné un projet de suppression des fermes générales; la reine s'en étoit chargée, et M. de Vaudreuil, madame de Polignac, madame de la Motte, le cardinal, devoient, dans la nouvelle compagnie, y avoir de gros intérêts; mais ce projet n'eut pas lieu.

Il est certain que tous ces personnages sollicitoient des priviléges, les obtenoient, et en recevoient de très-gros pots-de-vins. Cependant le cardinal ne trouvant plus de prêteurs ni de ressources, se détermina d'aller à Strasbourg, pour y faire de l'argent; il laissa madame de la Motte, en lui recommandant de le rappeller quelquefois à la reine, quoique toute communication, toutes particularités de sa majesté, à lui, fussent cessées.

Madame de la Motte faisoit très-assidument sa cour à la reine, soit à Versailles ou à Trianon. Le gouverneur de cette derniere maison de plaisance, nommé Bazin, et confident de la reine, étoit l'ordonnateur des fêtes qui s'y donnoient.

Quelques jours après le départ du cardinal, madame de la Motte, croyant le servir, parla de ses embarras à la reine, et lui dit, que, malgré le desir de ne pas s'éloigner d'elle, il avoit été forcé de partir pour son évêché, dans le dessein d'y faire quelque emprunt, pour liquider des dettes pressées. Elle fut bien étonnée, lorsque la reine lui répondit avec dédain, il a bien fait de quitter Paris; sa présence m'étoit insupportable; madame de la Motte baissa les yeux, et garda un respectueux silence.

Le cardinal revint bientôt à Paris. Il éprouva alors mille difficultés pour voir la reine; et malgré beaucoup de démarches à ce sujet, ce ne fut que sur la fin de janvier qu'il obtint un rendez-vous le soir.

Introduit chez la reine, le cardinal se permit des reproches qui déplurent à sa majesté. Il lui rappella que lui ayant promis de le faire premier ministre, elle n'en avoit pourtant rien fait. La reine, outrée de son arrogance, contint son dépit, et se contenta de l'interrompre pour lui dire, qu'elle n'avoit pu se permettre, en sa faveur, que des démarches indirectes; qu'il pouvoit, au reste, agir, solliciter, par lui-même, ou par ses amis, s'il lui en restoit. La reine sortit, et laissa le cardinal plongé dans les plus tristes réflexions. Madame de la Motte cherchoit à l'en tirer, tandis que madame de Polignac jouissoit en secret de sa situation.

A cette époque, parut le fameux Cagliostro; le cardinal l'avoit connu à Strasbourg : il le présenta à madame de la Motte comme un homme merveilleux, et dont les hautes connoissances pouvoient lui être d'un grand secours. Cagliostro joignoit à une phisionomie fortement prononcée, un regard fier et faux en même-tems, un maintien imposant, un esprit délié, souple, et saisissant facilement les différentes impressions qu'il faisoit sur les esprits assez foibles pour donner dans les piéges qu'il leur tendoit. Il jugea, sur le champ, que pour tirer grand parti du cardinal, il devoit flatter madame de la Motte, qui avoit toute sa confiance.

L'arrivée de cet empyrique fit naître chez le

cardinal l'espoir de sortir de tous ses embarras. Il étoit persuadé que Cagliostro possédoit le secret de faire de l'or et des diamans, avec de la poudre de l'un et de l'autre. En conséquence de cette crédulité, des fourneaux furent établis chez l'éminence et chez le professeur du grand œuvre, qui présidoit les adeptes qui s'y rendoient, tels que MM. de Lauzun, de Luxembourg, etc. Le cardinal faisoit les frais de toutes ces opérations; et de simples effets physiques étoient, par lui, transformés en connoissances de la magie la plus sublime; des évocations, des fausses apparitions, lui en avoient tellement imposé, qu'il regardoit Cagliostro comme un de ces puissans génies descendu de la céleste région pour le bonheur des humains, au point, que celui qui auroit osé révoquer en doute toutes ces merveilles, ou manquer d'égards pour cet enfant de la nature, eût encouru sans retour sa disgrace.

Cagliostro et sa femme, chez qui le cardinal alloit au moins une fois par jour, avoient donné de l'ombrage à madame de la Motte, qui vouloit seule posséder la confiance de cette éminence; elle lui parla en conséquence contre Cagliostro, et sur-tout contre sa femme; mais ce reproche n'ayant pas été bien reçu par le cardinal, elle prit le parti de dissimuler et de cacher son dépit sous

les

les apparences de l'intérêt et de l'amitié : elle redoubla de soins pour se conserver auprès de lui, et fit si bien, que cette intrigue fut de courte durée.

Le cardinal, environné de sang-sues qui le trompoient et l'épuisoient entiérement, marchoit à grands pas vers une ruine aussi totale qu'inévitable : trop vain, trop fier pour se retrancher, pour diminuer ses dépenses, et rétablir l'ordre dans sa maison, il se livroit au contraire à tous les projets extravagans de Cagliostro, de Georgel et de Planta. Les opérations alchymiques du premier ne finissoient pas ; il demandoit sans cesse de nouvelles matieres au cardinal, qui, n'ayant plus de ressources, pressoit madame de la Motte de l'aider de son crédit : mais celle-ci ne recevant plus, avec la même profusion, de la reine, et ayant elle-même des besoins, dit un jour à Cagliostro, qu'on l'avoit priée de s'intéresser à la vente d'un riche collier de diamans évalué seize cens mille livres. Cagliostro reçut cette nouvelle avec transport, et proposa sur le champ à madame de la Motte de le faire acheter au cardinal, n'importe à quelles conditions, puisque ses travaux terminés, on seroit en état de satisfaire et d'éteindre toutes les dettes du cardinal. Il fut alors convenu qu'on verroit de suite l'éminence à ce sujet.

En Janvier 1784, madame de la Motte dit au cardinal que les sieurs Boemer et Bazange, joailliers, ayant entendu parler de ses liaisons avec la cour, l'avoient priée de leur être favorable dans la vente d'un magnifique collier de diamans, qu'elle lui proposoit d'acheter, en raison de la position où il se trouvoit. L'éminence parut d'abord éloignée de faire cet achat; mais Cagliostro, qui appuya la motion de madame de la Motte, parvint à le déterminer d'en faire l'acquisition. En conséquence, celle-ci fut chargée d'aller aux joailliers pour leur proposer de vendre le collier au cardinal; mais sous différens prétextes, ceux-ci refuserent de traiter sur la seule signature de cette éminence.

Madame de la Motte fut rendre cette réponse à l'ingénieux Cagliostro. Alors les têtes fermenterent; et ce dernier répondit qu'avec un peu d'adresse, on parviendroit peut-être à faire répondre du collier par sa majesté, sur-tout en lui faisant connoître l'affreuse détresse du cardinal, que cette même acquisition tireroit d'embarras. Il fut encore convenu que, si la reine s'y refusoit, on useroit de précautions pour tâcher de l'acheter secretement en son nom; qu'on devoit employer tous les moyens possibles pour réussir; et que le parti qu'il proposoit inspireroit assez de confiance aux vendeurs pour qu'ils livrassent le collier; qu'avant les termes de paiemens que demandoient les joailliers, son travail seroit achevé; qu'il en répondoit sur sa tête; enfin, Cagliostro mit tant de feu et d'énergie dans son discours, que le conseil, dont j'étois membre, décida qu'on suivroit ses erremens.

Le cardinal, qui ne voyoit en Cagliostro et madame de la Motte que des amis sinceres, incapables de le surprendre, fatigué par ses créanciers, consentit à ce que madame de la Motte fasse la démarche auprès de la reine; mais le ton qu'elle avoit pris la derniere fois que madame de la Motte lui avoit parlé du cardinal, ne lui présageoit rien d'avantageux; aussi fit-elle semblant d'effectuer la démarche, et finit, au bout de quelques jours, par tranquilliser ses commettans sur tous les événemens; que, quoique la reine ne voulut prendre aucun engagement personnel, on pouvoit, sans balancer, consommer cet achat avec les joailliers. Je ne puis vous en dire davantage en ce moment; mais j'ai lieu d'être contente de tout ce qu'on m'a dit.

Le cardinal auroit desiré d'employer d'autres moyens; mais sa position pressante, les conseils de Cagliostro et de madame de la Motte l'amenerent à consentir à tout ce qu'ils vouloient; il ne s'agissoit donc plus que de déterminer et faire connoître au cardinal la maniere dont on présenteroit cet achat aux joailliers.

Cette difficulté fut applanie : il fut convenu que madame de la Motte diroit aux joailliers, que certaines circonstances avoient empêché la reine d'acheter le collier lorsqu'ils le lui présenterent ; mais que dans le vrai, le cardinal étoit maintenant autorisé par sa majesté de traiter du prix de ce même collier, et prendre des époques pour le paiement ; que les mêmes circonstances s'opposant à ce qu'elle parût dans cette négociation, elle approuvoit tout ce que feroit son éminence à cet égard.

Cet arrangement pris et consenti, madame de la Motte se transporta chez les joailliers pour leur faire cette proposition ; mais ils exigerent, ou que la reine leur fit connoître ses intentions directement, ou que sa majesté autorise par écrit le cardinal d'acheter le collier. Madame de la Motte se retira en leur disant qu'elle alloit faire part des conditions qu'ils desiroient au cardinal.

Elle vint, au même instant, rendre au cardinal et à Cagliostro ce que venoit de lui dire les joailliers ; le cas parut alors embarrassant : en effet, comment obtenir la signature de la reine, Cagliostro leva tous les obstacles, en disant, madame de la Motte est assurée des bonnes intentions de sa majesté, qui ne veut pas paroître, mais qui approuve la conclusion de cette affaire : d'aprés cela, il ne s'agit que de mettre au bas d'une feuille de papier le nom et l'approbation de la reine.

Où trouver un homme assez hardi, ou assez foible, pour faire une fausse signature ? Cet homme, c'étoit moi, secrétaire de madame de la Motte, quelquefois du cardinal : elle connoissoit son empire sur moi, pouvois-je résister à ses charmes, à ses bienfaits, à l'invitation d'un prince de l'église, madame de la Motte, avec cet air aimable et séducteur, me dit alors : « il faut, mon cher Villette, nous sacrifier toutes tes répugnances, te conformer à nos vues, ton bonheur en dépend, et tu sais combien je desire qu'il soit fixé : prends cette plume, et écris au bas de ce marché le nom de la reine. « Je voulus parler : un regard de madame de la Motte et du cardinal me fermerent la bouche ; enfin, elle me dicta ces mots : *approuvé*, MARIE ANTOINETTE. Soit adresse, soit ineptie, soit d'autres raisons que je ne sais pas, M. le cardinal me dit : « ajoutez DE FRANCE. A peine cela fut-il fait, que M. le cardinal et madame de la Motte me promirent une pension annuelle de 6000 liv., dont ils devoient passer contrat : le lendemain, je reçus, de madame de la Motte, mille écus.

Munie de cette piece supposée, madame de la Motte se rendit chez les joailliers, la leur montra, et les engagea d'aller chez M. le cardinal : le prix du collier fut fixé à 1,600,000 liv. ; et les conditions remplies, il fut livré au cardinal. A peine fut-il en possession de ce bijou précieux, qu'il fut dépecé ; les petits diamans furent remis à Cagliostro, pour en composer de plus gros ; madame de la Motte en reçut à son tour une portion considérable ; et le reste demeura entre les mains du cardinal, qui en fit de l'argent.

Tous les mémoires qui ont paru à ce sujet sont autant de romans fabriqués pour cacher la vérité. Chacun des agens de cette négociation vouloit prouver son innocence, et M. le cardinal osa même avancer dans le sien, qu'il ne connoissoit pas la signature de la reine, lui, grand aumônier de France, ayant sans cesse des relations particulieres avec la cour.

Au mois de mars 1785, la reine accoucha du duc de Normandie : M. de Coigni fut dépêché à madame de la Motte, et chargé (en lui annonçant cette naissance) de lui remettre, de la part de la reine, une boête d'or enrichie de diamans, renfermant le portrait de sa majesté, qui, dans la suite, fut saisi à Bar-sur-Aube, lorsqu'elle fut arrêtée. Madame de la Motte fut, sur le champ, faire part de cette nouvelle au cardinal.

Les couches de la reine furent heureuses : bientôt sa majesté reprit ses habitudes pour le plaisir; elle ne négligeoit cependant aucunmoyen pour en procurer à son auguste époux ; aucune posture ne la rebutoit; toujours caressante et soumise, elle se livroit sans réserve à tout ce qui pouvoit plaire à son mari, et sa politique étoit d'écarter de lui tout besoin, et par là, toute intrigue amoureuse : elle l'enchaînoit de maniere qu'elle restoit toujours maîtresse de ses volontés.

Il se tenoit alors, chez la reine, un comité composé de ce que le royaume offroit de plus corrompu; c'étoit MM. le comte d'Artois, de Breteuil, MM. et dames de Polignac, Vaudreuil, Coigni, Dillon, l'abbé de Vermond, etc. Ce tribunal suprême commandoit au roi; les affaires les plus importantes de l'état y étoient décidées; on chassoit et l'on plaçoit les ministres : on disposoit de toutes les graces, du trésor royal; et ce bon roi s'y conformoit.

Il ne faut pas s'étonner si M. le comte d'Artois avoit pris quelque empire dans le conseil de la reine : madame de la Motte, qui observoit d'un œil attentif ce qui se passoit à la cour, avoit remarqué que ce prince s'étoit dévoué à toutes les volontés, à tous les goûts de sa majesté, plutôt par esprit de calcul et de libertinage, que par amour sincere.

M. le cardinal se plaignoit amèrement d'avoir été trompé par la reine et par madame de Polignac, qui avoient promis de l'élever au ministere; mais sa hauteur, sa morgue, et son impudence, l'en avoient, dans le principe, peut-être seuls exclus.

Cependant les opérations de Cagliostro n'achevoient pas : cet or, ces pierres précieuses, qui devoient payer le collier, libérer totalement le cardinal, et les enrichir tous à jamais, n'étoient que des chimeres; les termes de paiement étoient pourtant échus, il falloit prendre un parti, et madame de la Motte fut encore chargée de voir madame de Polignac, pour tâcher, ensemble, d'émouvoir la sensibilité de la reine, pour qu'elle vînt au secours du cardinal; elle devoit faire simplement l'aveu de l'achat du collier; quelque embarrassante que fût cette mission, madame de la Motte promit de l'exécuter.

Elle fut trouver madame de Polignac, qui, sur

sur son récit, la fit passer chez la reine ; mais à peine madame de la Motte eut instruit sa majesté de la détresse du cardinal et de l'acquisition du collier, dont il ne pouvoit acquitter les engagemens, que la reine l'interrompit, en lui disant, « que M. de Rohan étoit le maître d'a» cheter et de faire ce que bon lui sembleroit ; » qu'elle étoit ennuyée d'entendre sans cesse » faire des lamentations sur cet homme, auquel » elle ne pouvoit prendre aucun intérêt ». L'air sévere de la reine fit que madame de la Motte ne répondit rien : elle se retira ; et ses réflexions, pendant sa route, se fixerent à savoir comment elle rendroit compte de sa mission au cardinal : lui dire la vérité, c'étoit lui enfoncer le poignard dans le cœur, et démentir ce qu'elle avoit dit lors de l'achat ; aussi prit-elle le parti d'adoucir les paroles de la reine, en lui laissant cependant appercevoir les difficultés qu'elle avoit faites, et le peu d'espoir qu'elle avoit de réussir auprès de sa majesté, à qui on avoit rendu tous les propos, toutes les plaintes auxquelles il s'étoit malheureusement livré contre elle. A ce récit, le cardinal frémissoit des suites de cette affaire. Le fourbe Cagliostro trouvoit toujours quelques raisons à donner pour persuader que ces retards ne seroient pas longs.

L'éminence pressoit, supplioit madame de la Motte, de revoir la reine : « voilà quelques » diamants qui me restent, lui dit-il ; faites-en » usage auprès de madame de Polignac : qu'elle » décide donc sa majesté, et que le nœud de » cette malheureuse affaire reste enseveli dans » le plus grand secret ».

Madame de la Motte prit les diamans, et les emportant chez Madame de Polignac, elle lui peignit, avec force, la situation cruelle du cardinal ; et, pour émouvoir sa sensibilité, elle lui présenta les diamans, en la conjurant de lui être favorable. Madame de Polignac fit quelques façons, accepta les pierreries, parut affectée du trouble de madame de la Motte, et lui dit, avec amitié, que la somme étoit si forte, qu'elle n'osoit se flatter de rien ; qu'elle feroit pour le mieux auprès de la reine ; mais qu'elle trouvoit bien étonnant que le cardinal n'eût pas calculé ses moyens, avant de s'engager pour une telle somme. Après plusieurs réponses embarrassantes de madame de la Motte, elle lui ajouta : « si vous voulez que je serve utilement le cardinal, il faut que je sache tout, et » que vous vous expliquiez plus clairement ». Rassurée par ce qu'elle venoit d'entendre, elle avoua à madame de Polignac, que, pour donner plus de confiance aux marchands, le cardinal avoit acheté le collier comme pour la reine et par son ordre ; que les termes étoient échus ; et que ne pouvant les payer, elle la supplioit de nouveau, avec instance, d'employer tous ses bons offices auprès de sa majesté, pour qu'elle ordonne que cette avance soit faite au cardinal par le trésor royal.

Quelle fut la surprise de madame de la Motte, lorsqu'elle vit tout d'un coup changer la phisionomie de madame de Polignac, et s'écrier : « je savois le cardinal inconséquent, mais je » n'aurois jamais cru qu'il fût capable de profaner » ainsi un nom aussi respectable : ne me dé- » guisez rien ; quelqu'indignation que j'éprouve, » et quelque mépris qu'il m'inspire, je suis encore » assez bonne pour chercher à lui être utile : » Dieu veuille que vous ne soyez pas impliquée » dans cette odieuse affaire ; elle me fait frémir » !

Madame de la Motte avoit tout raconté à madame de Polignac, excepté la fausse signature. Cette derniere blâmoit fort la conduite du cardinal. Madame de la Motte lui ayant pourtant fait observer que le cardinal, désespéré, pouvoit dans un moment aussi critique prendre un parti violent, et compromettre à son tour la reine, il étoit très-essentiel d'arranger cette affaire : alors madame de Polignac lui dit : « Suivez-moi, nous allons en parler à sa » majesté. »

Arrivées auprès de la reine, madame de Polignac lui dit : « madame, j'ose ici reclamer encore » une fois, et malgré vos ordres, votre indul- » gence et vos bontés pour le cardinal de Rohan. » Je sais combien il doit être coupable à vos » yeux, combien il mériteroit votre indigna- » tion, si votre ame n'étoit pas aussi élevée et » votre cœur aussi sensible : nous venons avec » confiance vous peindre ses malheurs et son » désespoir. » Alors elle fit le détail de tout ce que venoit de lui dire madame de la Motte. La reine, surprise, étonnée, montra beaucoup d'humeur et d'emportement contre le cardinal. Ce premier mouvement passé, et dissimulant le ressentiment dont son ame étoit agitée par l'abus criminel qu'on avoit fait de son nom, elle ajouta : « tout ce que je viens d'entendre » ne peut pas exister ; le cardinal ni personne » n'oseroit me manquer à ce point : dans tous » les cas, qu'on ne me parle plus de M. le car- » dinal. » En proférant ces dernieres paroles, elle quitta ces dames. Madame de la Motte crut avoir démêlé la perfidie de madame de Polignac, sa fausseté, par la maniere dont elle avoit parlé à la reine. Elle ne put s'empêcher de lui faire le reproche, qu'ayant promis de solliciter et de presser la reine en faveur du cardinal, elle n'avoit pourtant rien repliqué après l'exposé qu'elle avoit fait; mais celle-ci lui répondit, qu'ayant à son tour remarqué la colere de sa majesté, qui étoit peinte dans ses yeux, elle n'avoit pas balancé de préférer la perte du cardinal, au risque d'encourir la disgrace de la reine.

Madame de la Motte sortit : cette affaire fut pour elle tout aussi cruelle que pour le cardinal. A cette même époque, elle devoit être présentée à la cour; attachée au palais de la reine, on devoit lui faire reprendre son nom, employer son mari aux îles : la seule condition qu'on lui avoit imposée étoit celle de se conduire plus décemment, avec plus de réserve, enfin, avec le maintien qui convenoit au dernier rejetton des Valois. Mais malheureusement elle venoit de se brouiller avec M. de Coigni qui vouloit régner exclusivement sur elle : ainsi, l'affaire du collier, M. de Coigni, madame de Polignac, madame d'Ossun, dame d'atour, mirent obstacle aux intentions de la reine, et madame de la Motte ne fut pas présentée.

Les momens devenoient toujours plus pressans. Les sieurs Boemer et Bazange menaçoient de porter plainte à la reine, parce qu'ils soupçonnoient qu'elle avoit fait payer au cardinal les sommes échues; et connoissant les affaires de cette éminence, ils imaginoient qu'elle s'en étoit servie pour son usage personnel.

De son côté, le cardinal en perdoit la tête, la crise devenoit allarmante; ses yeux appésantis par les prestiges de Cagliostro, ne pouvoient se dessiller; il trembloit des suites qui pouvoient en résulter, et depuis long-temps il ne quittoit plus le laboratoire de son alchymiste, c'étoit le seul dieu qu'il invoquoit. Celui-ci ne cessoit, ainsi que madame de la Motte, de lui donner des espérances, lorsqu'un jour, menacé par les joailliers, il arrive éperdu, il implore les conseils et les bons offices de madame de la Motte, qui, touchée de sa situation, expédia sur le champ un courrier à son mari qui étoit à Bar-sur-Aube avec ses diamans. Celui-ci arriva, et sans perdre de tems, fut en engager au Mont-de-Piété pour trente mille livres. Cette somme fut remise au cardinal, qui la fit compter aux joailliers.

Madame de la Motte n'ayant aucune confiance dans les opérations de Cagliostro, avoit projetté de se retirer à Bar-sur-Aube, étant bien certaine qu'aux époques des paiemens, le cardinal feroit de grands sacrifices pour éviter l'éclat d'une affaire aussi dé-honorante. Elle saisit ce moment pour prévenir le cardinal. « Vous êtes trompé, » volé, ruiné, par ce charlatan, lui dit-elle; » il ne cherche encore à vous amuser que pour » se conserver le droit de vous duper. Tous » les diamans, tous les bijoux, tout l'argent que » vous avez donné pour ses opérations, ont été » appliqués à monter sa maison : je n'ai aucun » doute sur tout ce que j'avance de ce fripon ».

Malgré toutes les apparences, le cardinal reçut cet avis avec humeur; et l'habitude de croire à Cagliostro le lui fit rejetter, en disant que des opérations aussi compliquées, aussi savantes, qu'il avoit suivies et attentivement observées, ne ressembloient en rien aux friponneries dont elle l'accusoit aussi légerement; que les retards ne pouvoient plus être longs: enfin, ils se quitterent, l'une, persuadée de la mauvaise foi de cet escroc, et l'autre, écartant tous les doutes que pouvoient lui donner tous ces retards, resta persuadé de sa science profonde.

Dans ce même tems, et quoique madame de la Motte eut prévenu le cardinal qu'il ne pouvoit compter sur la reine, impliquée dans toute cette affaire, elle se décida à tenter encore une démarche auprès de madame de Polignac, pour la prier de faire un dernier effort auprès de sa majesté. Mais elle étoit jouée et dupe de cette favorite, qui, enchantée de la disgrace du cardinal, cherchoit à la rendre, elle-même, suspecte à la reine. La rivalité l'effrayoit; aussi ne s'attachoit-elle qu'à la tromper, à lui faire effectuer des fausses démarches; aussi lui conseilla-t-elle alors, de dire aux joailliers, que puisque sa majesté ne payoit pas, il n'y avoit aucun inconvénient qu'ils fussent directement à la reine; mais qu'ils devoient s'y adresser avec prudence, en lui exposant leurs besoins : « je ne vois plus » que ce moyen, lui dit-elle; la reine ne veut » pas trop s'expliquer sur cette affaire; mais je » suis certaine qu'elle l'arrangera sans éclat, et » j'en donnerai le conseil ».

Madame de la Motte fut rendre cette conversation au cardinal, qui fit appeller les joailliers, et leur conseilla, s'ils ne pouvoient patienter, de s'adresser à la reine; que cette démarche étoit contraire aux vues de sa majesté, mais que cependant ils pouvoient la faire, avec toute la réserve, toute la prudence, le secret, et tout le respect qu'ils lui devoient.

Peu de jours après, les joailliers parvinrent à la reine, qui leur dit de garder le silence; qu'elle les manderoit lorsqu'il en seroit tems. Madame de de Polignac, enchantée que son conseil à madame de la Motte eût été suivi, porta la reine à n'écouter que la vengeance.

Madame de la Motte desirant savoir le résultat de la démarche des joailliers, fut chez madame de Polignac, qui lui apprit qu'elle ne pouvoit voir la reine, parce qu'elle étoit fort irritée de l'audace du cardinal; qu'au reste, la faute étoit personnelle, que c'étoit à lui de la réparer, et à elle d'éviter, s'il étoit possible, d'être compromise : « suivez le conseil que je vous donne, » lui dit-elle, en lui serrant la main, il part » du fond de mon cœur, et je me flatte que » vous n'en doutez pas. »

Madame de la Motte fut rejoindre le cardinal : mais dans quel désespoir ne fut pas plongé celui-ci, lorsqu'il vit que madame de la Motte ne lui apportoit aucunes bonnes nouvelles, ni sur la démarche des joailliers, ni sur les intentions ultérieures de la reine. Elle l'assura pourtant bien que sa majesté, contenue par beaucoup de raisons, par la crainte de la publicité de ses intrigues et de son libertinage, en préviendroit l'éclat, soit en payant les joailliers, soit en leur assurant leur créance.

Madame de la Motte éprouvoit alors des difficultés pour approcher de la reine, même madame de Polignac. Elle obtint cependant un rendez-vous de cette derniere, qui, en entrant chez elle lui dit : " l'offense qu'a faite le cardinal „ à la reine aura des suites terribles ; sa majesté „ ne veut plus entendre proférer son nom que „ pour en demander vengeance au roi ; que „ les joailliers attendoient ses ordres, et que „ dans une circonstance aussi inquiétante, elle „ étoit d'avis de laisser le cardinal, seul, justi- „ fier sa conduite. Croyez-moi, ajouta-t-elle, „ partez pour Bar-sur-Aube, la reine ni moi „ ne pourrions vous recevoir sans nous com- „ promettre ; elle m'a chargé de vous recom- „ mander la plus grande circonspection : soyez „ tranquille, elle aura soin de vous ; je vous „ instruirai de tout ce qui se passera, et vous „ préviendrai lorsque vous pourrez revenir à „ Paris. „

Madame de la Motte avoit prévu cette funeste issue ; en conséquence, elle avoit déjà fait partir pour Bar-sur-Aube presque tous ses équipages : elle remercia madame de Polignac, et l'assura que dans vingt-quatre heures elle seroit en route.

Quelles furent les inquiétudes du cardinal, quand madame de la Motte lui annonça son départ pour le lendemain, et comme forcée par son mari. Il eut beau la solliciter, la conjurer de rester, elle allégua sa soumission aux volontés de son époux, et ses regrets de le quitter dans cette occasion. Cette journée et le lendemain se passerent dans les alarmes et dans les reproches du cardinal ; les courses de ce dernier chez elle se succédoient. Enfin, vers minuit, et au moment de monter en voiture, elle promit au cardinal de revenir dès qu'il auroit besoin d'elle ; qu'au surplus, tout iroit selon ses vœux, puisque les joailliers avoient été contens de leur réception, puisque sa majesté leur avoit dit de garder le silence ; qu'elle les manderoit sous peu ; elle le pria de se rappeller combien elle lui étoit attachée ; et le cœur ému, les yeux baignés de larmes, elle quitta le cardinal, fâché et piqué de n'avoir pu gagner sur elle ni sur son mari qu'elle restât à Paris.

J'avois fui la catastrophe, et madame de la Motte même m'avoit engagé d'aller voyager ; en conséquence, quelque tems avant la plainte des joailliers, j'étois parti pour Geneve. Madame de la Motte, suivant nos conventions, me paya six mois d'avance de ma pension de six mille livres, me recommanda le secret, m'ordonna de lui écrire par tous les couriers : elle promit de me répondre et de me mander tout ce qui se passeroit jour par jour.

D'après cela, j'étois réguliérement instruit des moindres détails ; et lorsque madame de la Motte fut arrivée à Bar-sur-Aube, elle m'écrivit pour me rappeller auprès d'elle : j'étois prêt à me rendre à ses ordres, lorsque son mari m'apprit qu'elle étoit arrêtée.

Sur les conseils de M. de Breteuil, de madame de Polignac, de l'abbé de Vermond, la reine fit mander les joailliers, pour bien s'assurer des faits : ceux-ci l'instruirent de tout ce qui s'étoit passé dans la négociation du collier, enfin du titre qu'ils avoient, signé et approuvé par sa majesté.

La reine, éloignant de son ame tout ce qui pouvoit contenir sa colere et son indignation contre le cardinal, et vivement agitée, elle passa chez le roi, pour lui demander justice de l'injure qu'elle venoit de recevoir du cardinal de Rohan ; que, comme sa femme, elle devoit l'attendre ; que, comme reine, elle devoit l'exiger rigoureuse. Le roi, surpris, ému de la situation pénible qu'elle éprouvoit, garda un instant le silence, sans savoir le parti qu'il devoit prendre. Combattu par sa bonté, il cherchoit à s'étourdir sur le crime du cardinal ; mais l'arrivée de M. de Breteuil, qui lui en retraça toute l'offense, fit que, reprenant de l'énergie, il vouloit le sacrifier à sa vengeance. Mais quand l'ame d'un homme est sensible, elle l'est toujours, la réflexion éteint ou calme le premier mouvement de la colere. On a vu Henri IV pardonner à Biron, s'il eût avoué son crime ; de même que lui, il fit appeller le cardinal pour lui donner les moyens de se justifier, et le laissa seul, pour qu'il eût le temps d'appaiser le trouble dont il avoit été saisi lorsque le roi, sur sa dénegation, avoit fait paroître la reine.

La reine et M. de Breteuil, qui vouloient perdre le cardinal, firent si bien auprès du roi, qu'il promit justice, si M. de Rohan ne se justifioit pas sur l'heure. Le roi fit passer dans son cabinet M. le cardinal ; il lui demanda le résultat de ses réflexions ; mais celui-ci n'ayant rien à répondre, et les mains devant les yeux, ne chercha qu'à implorer sa clémence. S. M. le renvoya, et M. de Breteuil vint aussi-tôt prendre ses ordres. Le roi ordonna qu'il fût arrêté. Il fut obéi sur-le-champ, et ses ordres furent exécutés, même dans le château de Versailles, le jour de Notre-Dame d'août 1784. Le despotisme regnoit alors ; les peuples aveuglés, plioient sous le poids de la servitude. Les ministres plus tyrans que les souverains d'Alger et de Tunis, se permettoient toutes les vexations, toutes les exactions imaginables sur les Français; tout étoit arbitraire : un citoyen reclamoit contre des injustices, déplaisoit à une courtisane, à sa femme même, à un homme en place, à des parens qui vouloient avoir son bien, il étoit enlevé, maltraité, et renfermé dans des cachots impénétrables à la lumiere comme à l'humanité : tel fut le sort du cardinal, quoique coupable, quoiqu'indigne de la place qu'il occupoit, il fut traduit à la bastille : et ce ne fut qu'au crédit de sa famille, qu'il dut l'attribution de cette affaire au parlement de Paris.

Le cardinal de Rohan, de sa prison, demanda que madame de la Motte fût emprisonnée; le roi, sans prévoir ce qui pouvoit en résulter, se rendit à cette reclamation : en conséquence, elle fut arrêtée à Bar-sur-Aube le 18 août 1784.

On avoit persuadé au roi qu'une infraction aussi criminelle, sur-tout dans un homme puissant, comme le cardinal, devoit être séverement punie, et par une prison perpétuelle; les insinuations de la reine, de M. de Breteuil, etc. n'eurent pourtant pas, comme j'ai dit plus loin, l'effet qu'ils en attendoient. Les Condé, les Rohan, et leurs partisans, obtinrent de la justice du roi, que le parlement prendroit connoissance de cette affaire.

Cagliostro, et sa femme furent mis en prison; et tous ceux qui pouvoient être utiles au cardinal furent appellés en témoignages. Le conseil de cette éminence conclut à ce que madame de la Motte fût chargée de tout l'odieux de l'achat du collier, qui, après avoir été vendu 1,600,000 livres, par une suite de la mauvaise foi de l'acheteur, fut réduit à 1,400,000 livres, sur sa demande, aux joailliers, lorsqu'il leur fit le paiement de 30,000 liv.; l'avis de M. Target fut que le cardinal devoit nier tout.

J'avois pris un autre nom que le mien, et malgré toutes mes précautions, je fus arrêté à Geneve, et transféré dans les prisons de Paris. Qu'on juge de ma peine; et elle étoit aggravée par les propos des sbires qui me conduisoient, et qui paroissoient y prendre plaisir. Tremblant, j'écoutois, j'endurois tout, sans rien dire et sans m'expliquer, malgré ce qu'ils mettoient en usage pour cela.

A peine fus-je arrivé dans le cachot qui m'étoit préparé, que MM. Dupuis de Marcé et Frémin, chargés des interrogatoires, tâchoient de m'insinuer que le seul moyen qui pouvoit me sauver de la potence, c'étoit de dire vérité, et conséquemment de ne point compromettre le cardinal de Rohan, qui avoit été trompé par l'intrigante la Motte. Le concierge, les geoliers, tout ce que je voyois, enfin, me tenoient le même langage.

Le conseil du cardinal avoit jugé que nier tout, ensuite séduire, par des promesses, des largesses, ou des menaces, les témoins qui pouvoient le charger, et les juges qui devoient les entendre, étoient les seuls moyens de défenses que l'éminence pût employer efficacement. La machine fut mise en mouvement, et, par son choc, entraîna bientôt rapporteur et greffier; si bien, que ces deux personnages, dans toutes les confrontations, dans toutes les dépositions, en altéroient le sens, ou, lorsqu'ils craignoient que le cardinal ne s'embrouillât dans ses réponses, et ne dise quelque chose qui lui fût contraire; alors, dis-je, ils levoient subitement la séance, sans donner le tems de finir la phrase commencée.

A cette époque, la cour et le parlement n'étoient pas d'accords ensemble: il devoit s'ensuivre que ce dernier épouseroit, même au mépris de sa conscience, la défense du cardinal. M. de Vergennes qui étoit alors en faveur, et dont on n'a véritablement bien connu l'ineptie et les fautes de son administration qu'après sa mort, se mit du parti des Rohan et des Condé.

Si

Si on consultoit ma premiere déposition et les suivantes, on verroit la différence des unes aux autres; la premiere étoit franche et vraie; les autres m'étoient dictées par mes juges, et par ce même ministre des affaires étrangeres, qui me faisoit craindre la mort, si je n'étois favorable au cardinal, si je me laisois corrompre par un parti coupable, tel que celui de madame de la Motte.

Cagliostro étoit tout dévoué au cardinal, et le mensonge qui ne lui coûtoit rien, le servoit sans mesure. Mademoiselle d'Oliva, renfermée comme moi, fut la seule qui, dans toute cette procédure, n'en imposa point, elle n'avoit été employée qu'au parc de Versailles, elle ne savoit rien d'ailleurs, aussi ne dit-elle rien de plus, et ne voulut-elle écouter aucunes des propositions que tous les partis lui firent.

Enfin, gagné par les promesses, retenu par la crainte d'un supplice, qu'on mettoit sans cesse devant mes yeux, j'eus la foiblesse de déposer contre madame de la Motte; mais lors de ma premiere confrontation avec elle, je ne pus résister aux remords que j'éprouvois en la voyant; et n'écoutant d'autre considération humaine que celle que m'imposoit la vérité, je déclarai que MM. de Launay, Dupuis, Frémin, Vergennes, l'abbé d'Aimar, etc. m'avoient forcé, pour sauver mes jours, de la déclarer coupable, de m'avoir commandé seule la fausse signature de la reine, pour tromper le cardinal; la séance fut aussi-tôt interrompue; on ne me laissa même pas le tems de finir.

Je fus bien vîte entouré dans ma prison, et les geoliers furent les premiers à plaindre mon sort. Désespéré de ce que je venois de faire, redoutant la mort, je jurai de suivre exactement tout ce qu'on me diroit à l'avenir; je demandai grace à M. Frémin, qui m'effraya tellement, que la fievre s'empara de moi.

La faction des Rohan, soutenue par celle des Condé, ébranla le roi en faveur du cardinal; et malgré tous les détours d'une politique consommée, la reine et M. de Breteuil furent forcés à beaucoup de circonspection, et ne purent agir qu'indirectement: ce fut alors que les agens du cardinal intriguerent à outrance: Carbonnieres, Georgel, l'espion de Brugnieres, l'Hot, ce perfide, cet ingrat l'Hot, qui devoit tout, ainsi que moi, à madame de la Motte, se réunit à nous tous pour charger cette victime, de la haine que la reine avoit, à si juste titre, pour l'éminence.

L'Exclaux, garçon de la chambre de la reine

à qui le cardinal disoit avoir remis une boîte renfermant des diamans du collier, pour être portés à la reine, lui soutint en face n'avoir jamais reçu de boîte de lui pour sa majesté ni pour personne. Le cardinal avoit vu quelquefois l'Exclaux chez madame de la Motte.

Cependant madame de la Motte seule tenoit ferme contre cet orage. Au millieu de la conjuration parlementaire, encouragée par les agens secrets de la reine, elle persista à désavouer tout, à charger le cardinal : on ne cessoit d'ailleurs de lui répeter que si elle compromettoit la majesté, on la livreroit à toute la rigueur de la justice; chaque parti carressoit, menaçoit témoins et accusés; la reine vouloit perdre le cardinal coupable et sauver madame de la Motte coupable; le parlement, par esprit de vengeance et de contradiction, fut du parti opposé à la cour.

Cagliostro, cet adroit fripon, (qui reçoit peut-être maintenant le châtiment qu'il mérite) ce professeur d'alchymie, ce mistificateur du cardinal, plus coupable qu'eux tous, autant pour se sauver, autant par les promesses multipliées des Rohan, des Condé, etc. que pour ne pas perdre le privilége d'escroquer l'éminence, la justifia, en chargeant madame de la Motte.

Enfin, cette grande affaire si compliquée, si

suivie, si injurieuse, à l'intégrité de juges aussi iniques dans leurs principes que dans leurs conséquences, fut terminée par un arrêt favorable au cardinal.

Quel affreux moment pour la reine, lorsqu'elle apprit ce jugement, et la flétrissante exécution de madame de la Motte, de cette femme à qui elle avoit promis sa protection, reste de l'illustre et malheureux sang des Valois, qui s'étoit dévouée à servir ses passions, et qui lui avoit fait le sacrifice de celle qui l'attachoit au cardinal, à ce même homme à qui elle avoit voué toute sa haine et dont elle avoit partagé les plaisirs. Si jamais roi, en faisant usage de sa puissance, avoit dû empêcher que madame de la Motte ne subisse un arrêt, une exécution prononcée par des juges aussi barbares, aussi scélérats que les bourreaux qui l'exécuterent, c'étoit bien ce bon roi, qui, trompé jusqu'à la fin, demanda cependant de voir les pieces du procès; mais en lui alléguant qu'il seroit impossible à sa majesté de lire les originaux, on ne mit sous ses yeux que des fausses copies.

La reine et M. de Breteuil, gémissoient au fond du cœur de n'avoir pu sauver madame de la Motte. On arrive chez celle-ci; elle croit qu'on vient lui annoncer son élargissement, lorsqu'on exige tout-à-coup qu'elle entende la lecture de sa sentence : la fureur s'empare d'elle ; elle a beau reclamer son origine, demander à parler aux juges, ses cris sont inutiles : des ordres précis d'accélérer le supplice avoient été donnés ; et au même instant, elle est traînée, insultée, et mutilée, par les bourreaux, qui, en déchirant ses vêtemens, ont la cruauté de poser plusieurs fois un fer chaud, même très-près du sein ; il est vrai qu'égarée par la rage et le désespoir, elle se défendoit contre tous ces assassins.

Il suffisoit qu'elle appartînt aux Bourbon, pour que le parlement sévît plus cruellement ; et que cette odieuse et trop puissante magistrature fût empressée de la flétrir.

Cette exécution se fit dès le matin, sans être annoncée : des gens étoient apostés dans la cour du palais pour faire grand bruit, si bien que personne de ceux que le hasard faisoit rencontrer là, ne purent rien comprendre de tout ce qu'elle disoit ; elle fut jettée, moitié morte, dans un fiacre ; les portes en furent fermées, et le conducteur prit le galop, pour la déposer à la Salpêtriere.

Pour moi, je ne pus voir, ni me faire entendre de personne, je fus condamné au bannissement, et chassé comme tel de Paris. Le guichetier et le bourreau me recommanderent de de m'éloigner et de me taire. Hors la porte de la ville, et la mission de celui qui m'y avoit emmené remplie, un grand homme, et que je crois appartenir au cardinal, me tira à l'écart, me remit une bourse contenant 55 louis, et un billet où étoit écrite l'adresse de M. l'abbé d'Aimar, à qui, me dit-il, je pouvois dans la suite, faire connoitre mes besoins : j'ai eu l'occasion d'en profiter, sans recevoir jamais aucune réponse de cet ecclésiastique.

Chacun sait toute les facilités que madame de la Motte trouva, pour s'évader de la Salpétriere de ce séjour de crime destiné aux plus viles classes des malheureuses. Ah! si madame de la Motte eût tenu au parlement, si elle eût été femme d'un huissier de la chaine, eût-elle été traitée avec autant d'ignominie? non, et par cela seul, elle en eût été exempte.

Madame de la Motte fut trouver son mari, qui étoit resté à Londres depuis la détention de sa femme, où il avoit dépensé tout ce qu'il avoit pu emporter. La voilà donc encore une fois sans fortune, et soumise à des considérations, à des égards forcés par ces circonstances. La reine lui fit parvenir des secours par M. d'Hademar.

Celui-ci prévint la reine que madame de la Motte se disposoit à faire imprimer un mémoire pour sa justification; elle devoit y ajouter un détail circonstancié de ce qui s'étoit passé à chaque entrevue entre son mari et M. l'ambassadeur, que de la regle de conduite que lui traçoit cette excellence, tant envers M. de Vergennes qu'envers le parlement de Paris, et des avis qu'il avoit reçus, des entreprises d'adresse et de force qu'on se proposoit de mettre en usage contre lui. Enfin, madame de la Motte étoit déterminée à faire paroître ce mémoire intéressant, quand madame de Polignac arriva à Londres.

Elle fit prier madame de la Motte par M. l'ambassadeur de se rendre chez lui : là, elle commença par lui donner, de la part de la reine, une bourse de cent cinquante louis; ensuite l'assura, avec les mêmes amitiés qu'autrefois, que sa majesté gémissoit aussi bien qu'elle de la cruelle injustice dont elle étoit victime; que la reine veilleroit à ses besoins, en attendant que des circonstances plus heureuses lui permissent de la faire rentrer en France. L'argent et cette lueur d'espérance donnés, arrêterent les sanglans reproches de madame de la Motte, si bien qu'elle consentit à brûler son manuscrit. Sa mission terminée, madame de Polignac la recommanda, de la part de la reine, à M. d'Hademar, et elle retourna à Paris annoncer cette bonne nouvelle à sa majesté.

Depuis l'évasion et l'arrivée de madame de la Motte à Londres, j'ai su par des personnes dignes de foi, que quoiqu'elle fût en pays libre, elle n'avoit pourtant pas cessé d'être persécutée, menacée, si elle écrivoit jamais contre le cardinal : et flottante dans l'incertitude, absorbée par des craintes continuelles, épouvantée par ses revers, ramenée par ses besoins, elle a gardé le silence, et n'a pas eu le courage de publier, comme je le fais, la vérité.

J'étois réfugié à Venise, en attendant que d'autres circonstances me missent à même de faire imprimer cette histoire telle qu'elle s'est passée, d'y faire naturellement l'aveu de mes fautes, et d'y mettre chacun à la place qu'il a occupée dans l'exécution de cette trame perfide. Mes lecteurs auroient tort de m'accuser de partialité envers madame de la Motte ; le feu qui m'embrâsoit est éteint : je l'ai peinte telle qu'elle étoit, aimable, jolie, mais aussi complaisante, trop bonne pour n'être pas foible, et trop ardente pour n'être pas libertine. C'est pourtant là cette femme que j'ai aimée à l'adoration, qui m'avoit comblé de ses bienfaits, et que j'ai osé trahir : j'en j'en demande pardon à Dieu et à la nature entiere. Si mon repentir peut faire verser des larmes sur la foiblesse humaine, ce sera sur moi qu'elles se répandront : les personnes compâtissantes me plaindront de mes erreurs ; mais en même temps elles s'indigneront que dans un siecle corrompu où tout n'étoit que brigue et cabale, le cardinal de Rohan, sans mœurs, et qu'on peut comparer pour les vices au cardinal Dubois, mais qui n'en a ni l'élévation ni le génie, soit aujourd'hui assis parmi les législateurs de la nation française ; lui, dis-je, qui guidoit ma plume quand je commis le faux dont je gémirai toute ma vie ; lui, qui osa soutenir le mensonge avec intrépidité, et qui, perdu d'honneur, a l'audace de se montrer à la nation assemblée.

Je m'arrête : ma plume, en suivant l'indignation de mon ame, traçoit des terribles vérités, qui seroient bien plus accréditées, si tout autre les annonçoit. J'ai rempli la tâche que je m'étois imposée, de dévoiler aux yeux du public les iniquités commises dans ce procès.

Je n'ai exagéré aucun fait : en garde contre moi-même, pour éviter d'être entraîné par aucun motif de vengeance, je n'ai dit que la vérité ; je sollicite l'indulgence de mes lecteurs. Quant aux illustres personnages mentionnés dans mon récit, ils devoient bien s'attendre que tôt ou tard le public seroit éclairé sur tous les forfaits qu'ils ne rougissoient point alors de commettre. La nation a repris ses droits imprescriptibles; l'arbitraire et le despotisme sont également détruits; il est permis de dénoncer des coupables autrefois puissans, de démasquer les pervers, et de les dévouer au mépris public. J'ai parlé avec autant de franchise que de vérité de la reine, du comte d'Artois, du cardinal de Rohan, etc. La premiere cache maintenant, sous une feinte politique, des desseins dangereux; le second, d'accord avec elle, cherche, mais inutilement, de soulever contre la France les puissances étrangeres qui lui donnent un asyle; il entretient des correspondances secretes dans le royaume pour y perpétuer des divisions, pour empêcher la régénération de ce même empire que ses déprédations et son exemple avoient ruiné. Quant au cardinal de Rohan, à ce fameux académicien, à ce prince de l'église, à cet éloquent prédicateur des ruelles, il garde un profond silence parmi l'assemblée dont il est membre, il n'a rien moins fallu que la vente des biens du clergé pour faire cesser sa nullité, et nous le montrer comme un rebelle aux décrets de l'assemblée nationale.

Je n'ai soumis mon mémoire à aucunes corrections, dans la crainte qu'en rectifiant les phrases, on n'altérât le sens d'un simple narré des faits, et qu'on ne fît disparoître cette teinte naturelle qui seule y est imprimée.

Signé, RÉTAUX DE VILLETTE.

A Venise, ce 12 Avril 1790.

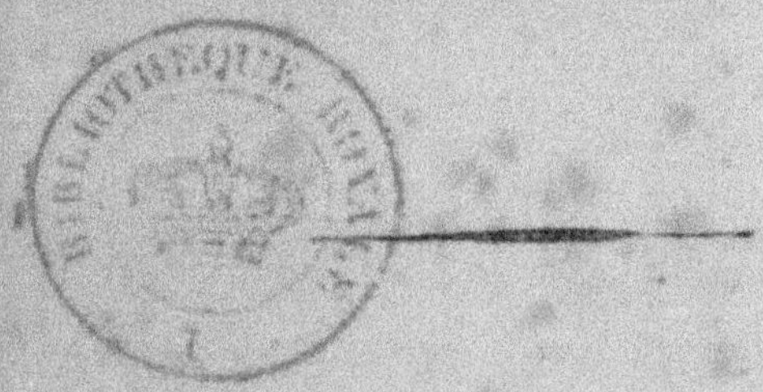

www.ingramcontent.com/pod-product-compliance
Ingram Content Group UK Ltd.
Pitfield, Milton Keynes, MK11 3LW, UK
UKHW022119260726
13993UKWH00003B/1112

9 782329 267401